Cómo Comprar, Almacenar y Usar Criptomonedas de Forma Segura

Billeteras, Intercambios, Estafas que Debes Evitar y Prácticas Seguras Para Inversores Principiantes

Por Joe Correa

Publicado por Live Stronger Faster

Este libro es solo para fines educativos e informativos. El autor y el editor no están proporcionando asesoramiento legal, financiero u otro tipo de asesoramiento profesional. Los lectores deben consultar con un profesional calificado antes de tomar cualquier decisión financiera.

Primera edición

Tabla de Contenido

Introducción

Las criptomonedas han transformado por completo la forma en que pensamos sobre el dinero, la inversión y la independencia financiera. Pero con grandes oportunidades vienen grandes responsabilidades. Por cada historia de alguien que duplicó sus ahorros en un mercado alcista, hay alguien que lo perdió todo por no entender cómo almacenar, proteger o incluso comprar criptomonedas correctamente.

Ahí es donde entra este libro. "Cómo Comprar, Almacenar y Usar Criptomonedas de Forma Segura" es tu guía práctica del mundo real para comenzar en el mundo cripto de la manera correcta. No solo hablaremos de teorías — obtendrás pasos prácticos, herramientas y ejemplos que puedes seguir incluso si esta es tu primera exposición a las monedas digitales.

Comenzaremos desmitificando cómo comprar criptomonedas. Con cientos de plataformas, exchanges y aplicaciones disponibles, saber cuáles son legítimos, fáciles de usar y seguros puede ahorrarte tiempo, dinero y estrés. Compararemos exchanges centralizados como Coinbase y Binance con plataformas descentralizadas, y te ayudaremos a identificar cuál se adapta mejor a tu nivel de experiencia y objetivos.

A continuación, profundizaremos en una de las partes más incomprendidas pero esenciales del mundo cripto: las billeteras. Aprenderás la diferencia entre billeteras calientes (como aplicaciones móviles o extensiones de navegador) y billeteras frías (hardware u opciones offline), y cuándo usar cada una. Te guiaremos paso a paso sobre cómo configurarlas, protegerlas con las mejores prácticas y evitar errores costosos como perder claves o caer en ataques de phishing.

La seguridad es un tema recurrente a lo largo de este libro. A medida que nuevos inversores ingresan al mercado cripto, las estafas se vuelven cada vez más sofisticadas — desde airdrops falsos hasta enlaces maliciosos y suplantadores en redes sociales. Cubriremos las estafas más comunes, cómo detectarlas al instante y cómo protegerte con hábitos simples, configuraciones de navegador y capas de seguridad que los profesionales usan todos los días.

Pero este libro no se trata solo de evitar riesgos. Se trata de empoderarte para usar tus criptomonedas en el mundo real — desde realizar tu primera transacción hasta generar ingresos pasivos mediante staking o el uso de aplicaciones DeFi. Descubrirás cómo pagar con criptomonedas, enviar fondos a nivel global e incluso planificar tus impuestos y documentación con anticipación.

Ya sea que estés dando tus primeros pasos con Bitcoin o listo para explorar Ethereum, Solana u otras criptomonedas, este libro te dará la confianza y las herramientas para navegar el ecosistema de manera segura.

Al final de este libro, sabrás:
Cómo elegir el exchange y la billetera adecuados
Cómo evitar las estafas más comunes en criptomonedas
La diferencia entre almacenamiento con custodia y sin custodia
Cómo realizar tu primera transacción de forma segura
Las mejores prácticas para mantenerte seguro en un entorno digital en constante evolución

Esto no se trata solo de comprar criptomonedas — se trata de proteger tu futuro. Comencemos.

Capítulo 1: Cómo elegir el exchange de criptomonedas adecuado

Cuando das tus primeros pasos en el mundo de las criptomonedas, tu primera acción real es decidir dónde comprarlas. Este paso puede parecer sencillo — elegir un sitio web o una aplicación, crear una cuenta y comenzar a comprar. Pero en realidad, elegir el exchange adecuado puede marcar la diferencia entre una experiencia fluida y una pesadilla financiera. Los exchanges varían enormemente en seguridad, comisiones, accesibilidad y funciones, y como inversor principiante, querrás tomar esta decisión con claridad y precaución.

Comencemos con los dos tipos principales de exchanges: los exchanges centralizados (CEX) y los exchanges descentralizados (DEX). Los exchanges centralizados, como Coinbase, Binance, Kraken y Gemini, funcionan de manera similar a bancos en línea o plataformas de corretaje. Custodian tus fondos en billeteras bajo su control, gestionan los libros de órdenes y ofrecen atención al cliente. Para principiantes, suelen ser la opción más fácil, ya que permiten conectar una cuenta bancaria o tarjeta de crédito, comprar criptomonedas al instante y operar con una interfaz amigable. Sin embargo, existe una desventaja: como el exchange mantiene tus criptomonedas, no tienes control total sobre tus claves privadas. Esto significa que si la plataforma es hackeada o bloquea retiros, tus activos podrían estar en riesgo.

Por otro lado, los exchanges descentralizados como Uniswap, PancakeSwap y SushiSwap permiten el comercio directo entre usuarios sin una autoridad central. Conectas tu propia billetera (generalmente una billetera caliente como MetaMask) y mantienes el control total de tus fondos en todo momento. Esto reduce el riesgo de ataques centralizados, pero implica una curva de aprendizaje más pronunciada y la ausencia de soporte al cliente en caso de errores. Para principiantes absolutos, los DEX pueden resultar intimidantes, pero vale la pena aprender sobre ellos con el tiempo, ya que ofrecen mayor libertad, privacidad y acceso a tokens que no están disponibles en exchanges tradicionales.

La seguridad debe ser tu principal criterio al elegir un exchange. Busca plataformas que ofrezcan autenticación de dos factores (2FA), listas blancas de direcciones de retiro, almacenamiento en frío para la mayoría de los fondos y un historial sólido en prácticas de seguridad. Evita plataformas demasiado nuevas, con información poco clara sobre sus propietarios o sin transparencia sobre cómo protegen los fondos de los usuarios. Una simple búsqueda como “nombre del exchange + hackeo" puede revelar mucho sobre su historial.

La regulación y la ubicación también son importantes. Los exchanges que operan en Estados Unidos, por ejemplo, deben cumplir con estrictas regulaciones KYC (Conoce a tu Cliente) y AML (Anti-Lavado de Dinero). Esto significa que deberás verificar tu identidad con un documento oficial antes de depositar o retirar grandes cantidades. Aunque puede parecer invasivo, los exchanges regulados ofrecen mayor protección legal. En contraste, algunos exchanges internacionales tienen menos restricciones, pero también ofrecen menos protección al usuario.

Otro factor clave son las comisiones. Los exchanges generan ingresos mediante tarifas de trading, retiros e incluso depósitos. Si planeas realizar operaciones frecuentes, es fundamental elegir plataformas con tarifas competitivas. Algunas utilizan modelos de "maker/taker", donde proporcionar liquidez cuesta menos que tomarla. Otras ofrecen descuentos si utilizas su token nativo, como Binance con BNB.

La facilidad de uso es especialmente importante para principiantes. Busca una plataforma con una interfaz clara e intuitiva y una aplicación móvil eficiente. Algunos exchanges están diseñados para traders avanzados con gráficos complejos y múltiples tipos de órdenes, lo cual puede resultar abrumador al inicio. Es recomendable comenzar con funciones simples de compra y venta.

La liquidez es un aspecto que muchos principiantes pasan por alto, pero es fundamental. Los exchanges con alta liquidez permiten ejecutar operaciones grandes sin afectar significativamente el precio, mientras que los de baja liquidez pueden hacer que pagues más de lo esperado. Revisar el volumen diario de operaciones te dará una buena idea de este factor.

Por último, considera el soporte al cliente y la reputación. Antes de elegir, intenta contactar al servicio de atención con una pregunta sencilla y evalúa su tiempo de respuesta. Leer reseñas, consultar foros y observar cómo manejan las quejas te ayudará a entender su nivel de compromiso con los usuarios.

En resumen, el exchange ideal para un principiante suele ser una plataforma centralizada, conocida, regulada y segura, con buen soporte al cliente y tarifas razonables. A medida que ganes experiencia, podrás explorar exchanges descentralizados para tener mayor control y más oportunidades. Recuerda: tu exchange es la puerta de entrada al mundo cripto — elige bien y tendrás una base sólida para tu camino como inversor.

Cómo Ethan comenzó su historia en el mundo cripto

Ethan siempre había tenido curiosidad por las criptomonedas, pero durante años sintió que era algo reservado para otros — personas que pasaban tiempo en foros tecnológicos, construían sus propias computadoras y hablaban en un lenguaje lleno de siglas. Pero cuando su prima menor le comentó que había duplicado su dinero en solo tres meses invirtiendo en Ethereum, Ethan decidió que era momento de dejar de observar desde fuera.

Una tranquila mañana de sábado, con una taza de café en la mano, abrió su laptop y escribió "cómo comprar Bitcoin" en el buscador. Aparecieron cientos de resultados, cada uno prometiendo ser la forma más fácil, segura o rápida de empezar. En pocos minutos, Ethan estaba viendo una lista de exchanges: Coinbase, Binance, Kraken, Gemini, Crypto.com y muchos otros que nunca había escuchado. Las opciones eran abrumadoras.

Hizo clic en la primera opción — un sitio elegante que prometía "compras instantáneas de Bitcoin sin comisiones". Pero algo no le parecía correcto. No había dirección física, ni información clara de la empresa, y las reseñas eran mixtas. "Estafa", decía una publicación en Reddit. "Lo perdí todo". Ethan cerró la pestaña rápidamente. Esa fue su primera lección: que una plataforma luzca profesional no significa que sea confiable.

Decidido a hacerlo bien, comenzó a investigar más. Aprendió sobre los dos tipos principales de exchanges: centralizados y descentralizados. Los centralizados eran como bancos — guardaban tu dinero y ofrecían una interfaz sencilla. Los descentralizados permitían operar directamente desde tu billetera sin intermediarios. Eso sonaba más seguro, pero también más complejo. Por ahora, decidió comenzar con un exchange centralizado.

Redució sus opciones a tres: Coinbase por su facilidad de uso, Kraken por su reputación y Binance por sus bajas comisiones y amplia variedad de criptomonedas. Comparó sus medidas de seguridad, investigó sobre hackeos pasados y cómo cada plataforma respondió. Coinbase tenía seguros sólidos para clientes en EE. UU., mientras que Binance, aunque fue hackeado en 2019, compensó completamente a los usuarios afectados. Eso le dio confianza.

Luego analizó las comisiones. No planeaba invertir grandes cantidades al inicio, por lo que buscaba tarifas razonables. Coinbase era más caro pero muy fácil de usar. Binance era más barato, y Kraken se situaba en un punto intermedio. Decidió que la facilidad y la seguridad eran más importantes al principio.

También descubrió la importancia de la liquidez — algo que nunca había considerado. Entendió que un bajo volumen de operaciones podía hacer que pagara más por sus criptomonedas. Exchanges grandes como Binance y Coinbase ofrecían mejores precios gracias a su alto volumen diario.

Aun así, tenía una preocupación: ¿qué pasaría si necesitaba ayuda? Probó el soporte al cliente enviando una pregunta simple. Coinbase respondió en dos horas, Kraken en seis y Binance al día siguiente. La diferencia era clara.

Al final del fin de semana, tomó su decisión. Se registró en Coinbase para hacer su primera compra, sabiendo que más adelante podría explorar otras opciones. El proceso fue sencillo: subió su identificación, vinculó su cuenta bancaria y en pocos minutos estaba listo para comprar. Activó la autenticación de dos factores, guardó sus códigos de respaldo en papel y verificó todas sus configuraciones de seguridad.

Una semana después, realizó su primera compra: $200 en Bitcoin. No era mucho, pero era un comienzo. Más allá del dinero, lo importante fue el proceso: investigar, comparar y tomar una decisión informada.

Esa noche, mientras observaba su pequeño pero creciente portafolio, Ethan sonrió. Ya no era solo un observador — ahora formaba parte del mundo cripto. Y gracias a su preparación, sabía que había dado el primer paso de la manera correcta.

Capítulo 2: Entendiendo las billeteras de criptomonedas: almacenamiento en caliente vs. almacenamiento en frío

Comprar criptomonedas es solo el primer paso. El verdadero desafío —y la parte que separa a los principiantes que tienen éxito de aquellos que pierden su inversión— es almacenarlas de forma segura. En el mundo cripto, existe un dicho muy conocido: "Si no son tus claves, no son tus monedas". Esta frase significa que si no controlas las claves privadas de tu billetera, en realidad no controlas tus criptomonedas. Y entender cómo funcionan las billeteras es la clave para mantener tus fondos seguros.

Una billetera de criptomonedas no es como una billetera física que guarda efectivo o tarjetas. Es una herramienta digital que almacena las claves criptográficas —tu clave pública (como un número de cuenta) y tu clave privada (como una contraseña)— que te permiten acceder a tus activos. Las monedas están en la blockchain, pero sin tus claves, no puedes acceder a ellas.

Las billeteras se dividen en dos categorías principales: billeteras calientes y billeteras frías.

Las billeteras calientes están conectadas a internet. Incluyen aplicaciones móviles como Trust Wallet, programas de escritorio como Exodus y extensiones de navegador como MetaMask. Son muy convenientes porque te permiten acceder rápidamente a tus criptomonedas para enviar, recibir o intercambiar. Sin embargo, esa comodidad implica un riesgo: cualquier dispositivo conectado a internet puede ser vulnerable a hackers, malware o ataques de phishing. Son útiles para pequeñas cantidades o transacciones frecuentes, pero no son ideales para almacenar grandes cantidades a largo plazo.

Las billeteras frías, por otro lado, están completamente desconectadas de internet. Incluyen dispositivos físicos como Ledger Nano X y Trezor, así como billeteras en papel donde se almacenan las claves de forma física. Al no estar conectadas, son mucho más seguras frente a ataques. La desventaja es que requieren más pasos para acceder a los fondos. Para inversores serios que planean mantener criptomonedas durante meses o años, las billeteras frías son el estándar de seguridad.

Al elegir entre billeteras calientes y frías, puedes pensarlo como una cuenta corriente frente a una caja fuerte. La billetera caliente es para uso diario —rápida y accesible— mientras que la billetera fría es para almacenamiento seguro de largo plazo.

Otro aspecto importante es la diferencia entre billeteras con custodia y sin custodia. Una billetera con custodia es controlada por un tercero, como un exchange. Ellos gestionan tus claves privadas, lo que facilita el uso, pero implica confiar en esa entidad. Una billetera sin custodia te da control total sobre tus claves y fondos. Esto significa mayor seguridad y propiedad, pero también mayor responsabilidad. Si pierdes tus claves o tu frase de recuperación, no hay forma de recuperar tus fondos.

La frase de recuperación, también llamada "seed phrase", es posiblemente el elemento de seguridad más importante. Es una lista de 12 a 24 palabras generadas al crear la billetera. Es tu llave maestra: quien la tenga puede acceder a tus fondos. Nunca debe guardarse en dispositivos conectados a internet ni compartirse con nadie. La mejor práctica es escribirla en papel, guardar copias en lugares seguros o incluso grabarla en metal para resistir fuego y agua.

También existen las billeteras multifirma (multi-sig), que requieren múltiples claves para autorizar una transacción. Son útiles para cuentas compartidas o empresariales. Aunque no son esenciales para principiantes, pueden ser valiosas a medida que crece tu portafolio.

Además, es importante considerar respaldos y redundancia. Los dispositivos pueden dañarse, perderse o deteriorarse, por lo que tener copias seguras garantiza que un solo incidente no elimine tus fondos.

La seguridad no es algo que se haga una sola vez —es un hábito continuo. Mantén actualizado el software de tu billetera, activa autenticación de dos factores cuando sea posible y evita aplicaciones falsas o sitios fraudulentos que imitan servicios legítimos.

En resumen, tu billetera es tu bóveda digital. Así como no dejarías grandes cantidades de dinero en un lugar inseguro, no deberías dejar grandes cantidades de criptomonedas en un exchange o en una billetera sin protección. Entender cómo funcionan las billeteras y aplicar buenas prácticas de seguridad es lo que protegerá tu inversión a largo plazo.

Cómo Ethan descubrió las billeteras calientes

Un mes después de comprar su primer Bitcoin, Ethan se sentía más confiado. Su cuenta mostraba una pequeña ganancia y ya hablaba del tema con amigos. Una noche, su compañero de trabajo Lucas le preguntó: "¿Dónde estás guardando tus criptomonedas?"

Ethan respondió con naturalidad: "En Coinbase".

Lucas lo miró con preocupación y le dijo: "Eso está bien por ahora, pero recuerda: si no tienes tus claves, no tienes tus monedas".

Esa frase se quedó en su mente. Esa misma noche comenzó a investigar sobre billeteras. Descubrió que no eran simples aplicaciones, sino herramientas que almacenaban las claves que le daban acceso a su dinero digital.

Primero encontró las billeteras calientes. Descargó Trust Wallet y en minutos tenía una aplicación funcionando. Pero cuando apareció la frase de recuperación, sintió preocupación. La escribió en papel, pero comenzó a cuestionarse qué pasaría si la perdía o alguien la encontraba.

Luego descubrió las billeteras frías. Le llamó la atención la idea de un dispositivo que mantenía sus claves fuera de internet. Aunque al principio dudó por el costo, decidió invertir en un Ledger.

Cuando el dispositivo llegó, el proceso fue más lento y cuidadoso, pero también más seguro. Al transferir su Bitcoin desde Coinbase, sintió nervios, pero al ver los fondos reflejados en su dispositivo, comprendió que ahora tenía control total.

A partir de ese momento, Ethan adoptó una estrategia: mantener pequeñas cantidades en su billetera caliente para uso diario, y guardar el resto en su billetera fría. También hizo múltiples copias de su frase de recuperación y las almacenó en lugares seguros.

Con el tiempo, entendió que no era paranoia —era preparación. Mientras tuviera sus claves y sus respaldos, sus criptomonedas estarían seguras sin importar lo que ocurriera en el mercado.

Por primera vez, Ethan no solo se sentía como un inversor, sino como el verdadero custodio de su propia riqueza digital.

Capítulo 3: Cómo evitar estafas en criptomonedas y errores comunes

El mercado de criptomonedas está lleno de oportunidades – pero también de trampas. Debido a que las transacciones en crypto son irreversibles y descentralizadas, no existe un "departamento de fraude" que pueda revertir un error. Una vez que tus monedas desaparecen, se han ido para siempre. Esta realidad convierte a las criptomonedas en un objetivo principal para estafadores, quienes constantemente crean nuevos métodos para robar fondos a los inversores. Entender las estafas más comunes y los errores frecuentes es esencial para proteger tus activos y hacer crecer tu portafolio de manera segura.

Una de las estafas más comunes es el phishing. Ocurre cuando un estafador te engaña para que reveles información sensible, como tu clave privada o tu frase de recuperación. En el mundo cripto, esto suele presentarse como correos electrónicos falsos o sitios web que imitan exchanges o billeteras legítimas. Pueden enviarte alertas urgentes indicando que tu cuenta ha sido comprometida y pedirte que inicies sesión mediante un enlace falso. Siempre revisa cuidadosamente la URL, evita hacer clic en enlaces sospechosos y accede directamente al sitio oficial.

Otra estafa peligrosa son las aplicaciones o billeteras falsas. Los ciberdelincuentes crean versiones falsas de apps populares y las suben a tiendas de aplicaciones con logotipos convincentes y reseñas falsas. Cuando los usuarios las descargan e introducen su frase de recuperación, pierden el acceso a sus fondos. Para evitarlo, descarga aplicaciones solo desde sitios oficiales y verifica el desarrollador.

Las redes sociales también son un foco de estafas. Los estafadores se hacen pasar por figuras conocidas del mundo cripto o incluso por amigos, ofreciendo "regalos" donde debes enviar criptomonedas para recibir el doble. Estas ofertas siempre son falsas. Nadie legítimo te pedirá dinero para devolverte más. También existen esquemas de "pump and dump", donde inflan el precio de una moneda para luego venderla y provocar su caída.

Otra técnica común son las estafas de airdrops. Aunque existen airdrops reales, los estafadores envían tokens maliciosos a tu billetera. Al interactuar con ellos, pueden obtener acceso a tus fondos. La mejor práctica es ignorar cualquier token que no hayas solicitado.

Más allá de las estafas, muchos principiantes pierden dinero por errores comunes. Uno de los más graves es enviar criptomonedas a una dirección incorrecta. Las transacciones son irreversibles, por lo que un solo carácter incorrecto puede hacer que pierdas todo. Siempre copia y pega la dirección y verifica los primeros y últimos caracteres antes de enviar.

Otro error frecuente es mantener todos los fondos en un exchange. Los exchanges pueden ser hackeados o bloquear cuentas, lo que pone en riesgo tus activos. Lo recomendable es transferir fondos a una billetera segura, preferiblemente una billetera fría para almacenamiento a largo plazo.

También es un error descuidar la seguridad: usar contraseñas débiles, no activar autenticación de dos factores o guardar la frase de recuperación en la nube aumenta el riesgo de ataques. La seguridad en criptomonedas es un proceso continuo.

Finalmente, muchos principiantes caen en el FOMO (miedo a quedarse fuera), comprando criptomonedas solo porque están de moda. Muchas de estas monedas pierden valor rápidamente. La mejor estrategia es investigar antes de invertir y nunca arriesgar dinero que no puedes perder.

En el mundo cripto, el escepticismo es tu mejor aliado. Verifica todo, no te apresures y recuerda: si algo parece demasiado bueno para ser verdad, probablemente lo sea.

Cuando la cuenta de Ethan fue “bloqueada”

Habían pasado tres meses desde que Ethan comenzó en el

mundo de las criptomonedas, y su confianza iba en aumento. Pero una mañana, un correo llamó su atención: "Aviso urgente de seguridad: tu cuenta de Coinbase está bloqueada".

El correo parecía real, con logotipo y formato profesional. Estuvo a punto de hacer clic, pero recordó lo que había aprendido sobre phishing. Al revisar el enlace, notó un pequeño error en la URL. Era falso. Eliminó el correo de inmediato.

Días después, casi descarga una aplicación falsa de billetera desde una tienda de apps. Al verificar en el sitio oficial, descubrió que era una copia fraudulenta.

Luego, vio una "oferta" en redes sociales donde prometían duplicar criptomonedas. Estuvo tentado, pero detectó un detalle sospechoso en la cuenta. Era otra estafa.

También aprendió de errores potenciales. Casi envía fondos a una dirección incorrecta al escribirla manualmente. Desde ese momento, decidió siempre copiar y verificar direcciones.

Adoptó nuevas reglas: no dejar grandes cantidades en exchanges y transferir sus fondos a una billetera fría regularmente.

Su mayor lección llegó con el FOMO. Estuvo a punto de invertir en una criptomoneda "de moda", pero decidió investigar primero. Días después, el precio colapsó.

Al final del año, Ethan entendió que no se trataba solo de ganar dinero, sino de protegerlo. La disciplina, la precaución y el conocimiento fueron lo que realmente marcaron la diferencia en su camino en el mundo cripto.

Capítulo 4: Cómo realizar tu primera transacción de criptomonedas de forma segura

Enviar o recibir criptomonedas por primera vez es un gran paso — es el momento en que tus activos dejan de ser solo números en una cuenta y comienzan a utilizarse en el mundo real. Pero debido a que las transacciones en blockchain son permanentes, no existe un botón de "deshacer". Un solo error puede resultar en la pérdida de fondos que nunca podrán recuperarse. Por eso es fundamental actuar con cuidado y seguir un proceso claro y metódico.

El primer paso es entender cómo funciona una transacción. Cada envío de criptomonedas incluye una dirección de origen, una dirección de destino y la cantidad a transferir. Tu billetera controla la dirección de envío, mientras que la dirección de destino es proporcionada por la persona o plataforma que recibirá los fondos. Cada criptomoneda tiene su propio formato de dirección — por ejemplo, Bitcoin y Ethereum usan formatos distintos. Enviar una moneda a una dirección incompatible casi siempre resulta en la pérdida permanente de los fondos.

Antes de realizar una transacción, debes verificar que estás utilizando la red correcta. Por ejemplo, USDT (Tether) existe en múltiples redes como Ethereum (ERC-20), Binance Smart Chain (BEP-20) y Tron (TRC-20). Si envías fondos desde una red a una dirección que pertenece a otra red, los fondos pueden perderse. Aunque algunas billeteras advierten sobre esto, la responsabilidad final es tuya.

Al enviar criptomonedas, siempre copia y pega la dirección del destinatario — nunca la escribas manualmente. Un solo carácter incorrecto puede enviar los fondos a otra dirección. Después de pegarla, verifica los primeros y últimos caracteres. Si tu billetera lo permite, utiliza listas blancas de direcciones para mayor seguridad.

Para tu primera transacción, es recomendable enviar primero una pequeña cantidad de prueba. Esto te permite confirmar que la dirección y la red son correctas antes de transferir una suma mayor. Una vez confirmada la transacción de prueba, puedes enviar el monto completo con mayor confianza.

Cada transacción requiere el pago de una comisión de red (gas fee). Estas tarifas varían según la red y la demanda. En redes como Ethereum, las comisiones pueden aumentar considerablemente en momentos de alta actividad, por lo que es recomendable revisar las tarifas antes de enviar.

Después de confirmar la transacción, la red la procesa. Dependiendo de la blockchain, esto puede tomar desde segundos hasta una hora. Por ejemplo, en Bitcoin, una transacción suele considerarse segura después de varias confirmaciones, lo que puede tardar entre 30 y 60 minutos.

Recibir criptomonedas es más sencillo: solo necesitas proporcionar tu dirección pública al remitente. Aun así, debes asegurarte de que estás compartiendo la dirección correcta para la moneda y la red correspondiente. Si proporcionas una dirección incorrecta, los fondos pueden perderse.

Si estás enviando fondos a una empresa o exchange, ten en cuenta que pueden generar direcciones únicas para cada transacción. Siempre copia la dirección directamente desde tu panel de usuario y evita reutilizar direcciones antiguas a menos que esté permitido.

Para mayor seguridad, puedes utilizar códigos QR para compartir direcciones, especialmente en transacciones presenciales. Esto reduce errores de escritura o copia, siempre que el código provenga de una fuente confiable.

Finalmente, verifica siempre la transacción en un explorador de blockchain como Etherscan o Blockchain.com. Estas herramientas te permiten confirmar que la transacción fue registrada y ver su estado en tiempo real.

Tu primera transacción nunca debe hacerse con prisa. Confirmar direcciones, redes, cantidades y usar transacciones de prueba te ayudará a desarrollar hábitos seguros que protegerán tus fondos a largo plazo.

Cómo Ethan realizó su primera transacción

Ethan llevaba meses acumulando criptomonedas, pero nunca había enviado fondos a otra persona. Todo estaba guardado en su billetera. Un día, su amiga Olivia le pidió pagarle con Ethereum.

Ethan abrió su billetera, copió su dirección y la envió. Poco después, vio la transacción entrante — su primera experiencia real usando crypto.

Pero Olivia envió más de lo acordado y le pidió que devolviera una parte. Ethan comenzó a preparar su primera transacción de salida. Copió la dirección, pero al verificar los caracteres, notó que no coincidían. Podía haber sido un ataque de sustitución de direcciones.

Decidió escanear un código QR en lugar de copiar la dirección. Luego envió una pequeña cantidad de prueba. Una vez confirmada, envió el monto completo.

Más adelante, utilizó Bitcoin para pagar un producto en línea. Aunque la confirmación fue más lenta, la transacción se completó sin intermediarios.

Ethan comprendió que cada paso debía hacerse con cuidado. Un error podría haberle costado dinero. Pero al actuar con calma y verificar cada detalle, logró completar sus transacciones con seguridad.

Ese momento marcó un avance importante en su camino — ya no solo entendía las criptomonedas, sino que sabía utilizarlas correctamente en el mundo real.

Capítulo 5: Cómo usar criptomonedas para pagos, staking e ingresos pasivos

Para muchas personas, comprar y mantener criptomonedas es solo el comienzo. El verdadero poder del mundo cripto radica en cómo puedes utilizarlas — no solo como método de pago, sino también como una herramienta para generar ingresos pasivos. Ya sea comprando bienes y servicios, haciendo staking de tus monedas o participando en plataformas de préstamo, existen formas seguras e inteligentes de poner a trabajar tus activos.

La forma más simple de usar criptomonedas es realizar pagos. Hoy en día, miles de negocios en todo el mundo aceptan Bitcoin, Ethereum y otras criptomonedas importantes. Algunos las aceptan directamente, mientras que otros utilizan procesadores de pago como BitPay o Coinbase Commerce para convertirlas en moneda local. Pagar con criptomonedas suele ser más rápido y económico, especialmente en transacciones internacionales, ya que evita comisiones bancarias y de conversión. Sin embargo, debes asegurarte de enviar la cantidad correcta, utilizar la red adecuada y verificar la reputación del destinatario antes de completar la transacción.

Más allá de los pagos, una de las formas más populares de generar ingresos pasivos es el staking. El staking consiste en bloquear una cantidad de criptomonedas para apoyar el funcionamiento de una red blockchain, especialmente aquellas que utilizan el mecanismo de consenso Proof of Stake (PoS), como Ethereum, Cardano o Solana. A cambio, recibes recompensas, generalmente en forma de más tokens. El rendimiento anual (APY) varía según la red, pero puede ser una excelente forma de obtener ingresos adicionales con activos que ya planeabas mantener. Sin embargo, debes considerar que algunas plataformas requieren bloquear los fondos por un período determinado, y que la volatilidad del precio puede afectar el valor de tus recompensas.

Otra opción para generar ingresos pasivos es el préstamo de criptomonedas (crypto lending). Esto implica prestar tus activos a otros usuarios a través de plataformas centralizadas o protocolos DeFi. A cambio, recibes intereses, a menudo más altos que los ofrecidos por los bancos tradicionales. El principal riesgo aquí es el riesgo de contraparte: si la plataforma falla, podrías perder tus fondos. Por eso es importante elegir servicios confiables, diversificar y no invertir todo en una sola plataforma.

Para usuarios más avanzados, existen estrategias como el yield farming y la provisión de liquidez. En estos casos, aportas criptomonedas a pools de liquidez que permiten a otros usuarios operar en exchanges descentralizados. A cambio, recibes comisiones y posibles recompensas adicionales. Sin embargo, estas estrategias conllevan riesgos como la pérdida impermanente, donde el valor de tus activos puede cambiar en comparación con simplemente mantenerlos.

Si prefieres una opción más conservadora, puedes explorar el staking o lending con stablecoins. Al estar vinculadas a monedas como el dólar, son menos volátiles y permiten generar ingresos con menor riesgo de fluctuación. Aun así, siempre debes investigar la seguridad y reputación de la plataforma.

Un aspecto clave en todas estas actividades son los impuestos. En muchos países, utilizar criptomonedas para pagos puede generar un evento imponible si el valor del activo ha aumentado. Además, las recompensas por staking o intereses suelen considerarse ingresos. Es importante llevar un registro detallado de todas tus transacciones.

Por último, nunca olvides la seguridad. Al usar criptomonedas para pagos o ingresos pasivos, interactúas con terceros o contratos inteligentes. Siempre verifica direcciones, investiga plataformas y comienza con pequeñas cantidades antes de comprometer fondos mayores.

Usar criptomonedas activamente —ya sea para gastar o generar ingresos— puede ampliar tu libertad financiera y abrir nuevas oportunidades. Pero el éxito depende de mantener un equilibrio entre investigación, buen juicio y hábitos de seguridad.

Cómo Ethan aprendió sobre el staking

Los primeros meses de Ethan en el mundo cripto se centraron en comprar y proteger sus monedas. Pero un día, al comprar en línea, vio la opción de pagar con Bitcoin o Ethereum. Decidió probarlo.

Copió la dirección de pago, la verificó cuidadosamente y realizó primero una transacción de prueba. Una vez confirmada, envió el monto completo. El proceso fue rápido y sin intermediarios.

Esta experiencia despertó su interés por otras formas de usar crypto. Poco después, aprendió sobre el staking. Decidió comenzar con Cardano y delegó una pequeña cantidad a un pool. Días después, recibió su primera recompensa.

Motivado, exploró el préstamo de criptomonedas usando stablecoins para generar intereses. Aunque las ganancias eran modestas, eran constantes. Aun así, mantuvo una estrategia prudente, invirtiendo solo pequeñas cantidades.

También experimentó con provisión de liquidez, donde aprendió sobre los riesgos de pérdida impermanente. Esto le enseñó que mayores rendimientos suelen implicar mayores riesgos.

Con el tiempo, desarrolló un enfoque equilibrado: mantener la mayor parte en almacenamiento seguro, destinar una parte al staking, usar stablecoins para ingresos más estables y conservar algo en billeteras calientes para pagos.

Un día, al revisar sus recompensas, comprendió que su portafolio ya no era estático — estaba generando ingresos por sí mismo. Lo que comenzó como curiosidad se había convertido en un sistema financiero activo que trabajaba para él.

Capítulo 6: Cómo convertir criptomonedas a efectivo de forma segura

En algún momento de tu camino en el mundo de las criptomonedas, es probable que decidas convertir parte de tus activos en dinero tradicional. Ya sea para asegurar ganancias, cubrir gastos o diversificar tus inversiones, retirar dinero del mundo cripto requiere tanta atención —o más— que comprar. Si se hace sin cuidado, podrías enfrentar comisiones innecesarias, problemas fiscales o incluso riesgos de seguridad.

El primer paso es elegir dónde vender tus criptomonedas. La opción más común es utilizar un exchange centralizado (CEX) como Coinbase, Kraken o Binance. Estas plataformas permiten convertir criptomonedas a dinero fiat (como USD o EUR) y transferirlo a tu cuenta bancaria. Para evitar retrasos, asegúrate de que tu cuenta esté completamente verificada. Para principiantes, este suele ser el método más sencillo y seguro.

Otra alternativa son los mercados peer-to-peer (P2P), donde vendes directamente a otra persona mediante transferencias bancarias, PayPal o incluso efectivo. Aunque pueden ofrecer mejores precios, implican mayor riesgo, por lo que es importante usar plataformas con sistemas de custodia (escrow) y tomar precauciones adicionales.

También existen tarjetas de débito cripto, que te permiten gastar directamente tus activos, convirtiéndolos automáticamente en moneda local al momento de pagar. Son convenientes, pero pueden implicar comisiones y eventos fiscales en cada transacción.

Antes de vender, revisa las tasas de conversión y comisiones. Diferentes plataformas pueden ofrecer precios distintos, y las tarifas de retiro también varían. Si planeas vender una cantidad grande, puede ser útil observar el mercado para encontrar un buen momento, aunque siempre considerando la volatilidad.

El proceso normalmente implica transferir tus criptomonedas desde tu billetera al exchange. Aquí debes ser extremadamente cuidadoso: asegúrate de enviar la moneda correcta a la dirección correcta. Un error puede resultar en la pérdida permanente de fondos. Siempre verifica direcciones y, si es una cantidad grande, realiza primero una transacción de prueba.

Un aspecto clave es la tributación. En muchos países, vender criptomonedas con ganancias genera impuestos sobre ganancias de capital. Incluso intercambiar una criptomoneda por otra puede ser un evento imponible. Es fundamental llevar un registro detallado de todas tus operaciones.

La seguridad también es esencial. Los estafadores suelen dirigirse a personas que intentan vender criptomonedas, ofreciendo mejores precios o intentando sacarte de plataformas oficiales. Mantente en servicios confiables, usa autenticación de dos factores y evita compartir información sensible.

Finalmente, es importante tener una estrategia de retiro. Decide cuánto vender, cuándo hacerlo y si es mejor hacerlo en etapas. Muchos inversores prefieren vender gradualmente para reducir el impacto de la volatilidad del mercado.

Convertir criptomonedas a efectivo no es solo obtener dinero — es hacerlo de manera segura, eficiente y alineada con tus objetivos financieros.

Cómo Ethan convirtió su Bitcoin en efectivo

Después de casi un año invirtiendo, Ethan decidió tomar ganancias. En lugar de actuar impulsivamente, comparó plataformas y eligió Coinbase por su facilidad de uso.

Transferir sus fondos desde su billetera fría le generó nervios, por lo que primero envió una pequeña cantidad de prueba. Una vez confirmada, envió el resto.

Vendió su Bitcoin por dólares y solicitó el retiro a su cuenta bancaria. Aunque el proceso tardó algunos días, fue seguro y sencillo.

Mientras esperaba, investigó sobre impuestos y comprendió que debía declarar sus ganancias. Gracias a que había llevado registros detallados, pudo calcular fácilmente sus resultados.

Cuando el dinero llegó a su cuenta, sintió satisfacción, pero también responsabilidad. Apartó una parte para impuestos, otra para ahorro y usó una pequeña cantidad para disfrutar.

Ethan aprendió que retirar dinero del mundo cripto no es el final del proceso, sino otra parte clave de una estrategia financiera inteligente. Desde ese momento, decidió vender siempre de forma planificada y en etapas, manteniendo el control en cada paso.

Capítulo 7: Cómo hacer seguimiento de tu portafolio y mantenerte organizado

Uno de los aspectos más ignorados al manejar criptomonedas es mantener tu portafolio organizado y tus registros actualizados. En un entorno tan dinámico como el de los activos digitales, es fácil perder de vista qué tienes, cuándo lo compraste, dónde está almacenado y cómo está rindiendo. Sin un buen sistema de seguimiento, puedes tomar malas decisiones, perder oportunidades de ganancia o enfrentar problemas importantes al momento de declarar impuestos.

El primer paso para organizarte es consolidar tu información. Muchos inversores distribuyen sus criptomonedas entre varios exchanges, billeteras y blockchains. Esto dificulta tener una visión clara de todo el portafolio. Comienza haciendo una lista de todas las plataformas donde tienes activos: exchanges, billeteras calientes, billeteras frías, plataformas DeFi y cuentas de staking. Incluye cada criptomoneda, la cantidad, la fecha de compra y el precio pagado.

Para facilitar este proceso, puedes utilizar herramientas de seguimiento de portafolio como CoinStats, CoinGecko, Delta o Blockfolio. Estas aplicaciones permiten conectar tus cuentas mediante claves API seguras o ingresar manualmente las transacciones. Desde un solo panel podrás ver el valor total de tu portafolio, el rendimiento de cada activo y su evolución histórica.

Además del seguimiento del portafolio, es fundamental llevar un registro detallado de todas las transacciones: compras, ventas, intercambios, transferencias y recompensas de staking. Esto no solo te ayuda a mantener el orden, sino que facilita enormemente la declaración de impuestos. Herramientas como Koinly, CoinTracker o TokenTax pueden automatizar este proceso generando reportes completos.

También es importante saber exactamente dónde están tus activos. Debes tener claridad sobre qué billetera o plataforma contiene cada moneda, así como los métodos de recuperación asociados. Para billeteras frías, guarda las frases de recuperación en lugares seguros fuera de línea. Para billeteras calientes y exchanges, asegúrate de tener activada la autenticación de dos factores.

Un buen sistema incluye revisiones periódicas. Al menos una vez al mes, analiza tu portafolio: ¿estás demasiado concentrado en una sola criptomoneda? ¿algún activo está rindiendo mal? ¿tienes demasiado dinero en exchanges en lugar de almacenamiento seguro? Estas revisiones te ayudarán a tomar decisiones más inteligentes y ajustar tu estrategia.

La seguridad también debe formar parte de tu organización. Guarda tus registros en lugares seguros, como dispositivos cifrados o documentos protegidos con contraseña. Evita almacenar información sensible en archivos sin protección o servicios en la nube no seguros.

La organización no es algo que se hace una sola vez — es un hábito continuo. Al actualizar constantemente tu información y revisar tu desempeño, no solo proteges tu inversión, sino que mejoras tu capacidad para tomar decisiones estratégicas.

Cómo Ethan aprendió a organizar su portafolio

Ethan nunca prestó mucha atención al seguimiento de su portafolio. Revisaba sus saldos ocasionalmente en diferentes aplicaciones, sin tener una visión completa.

Un día, vio en un foro a alguien que descubrió una inversión olvidada que había crecido significativamente. Esto le hizo recordar una pequeña compra que había hecho meses atrás. Al revisarla, descubrió que su valor había aumentado considerablemente.

Ese momento fue un punto de inflexión. Decidió anotar todas sus inversiones: qué tenía, dónde estaba y cuánto había pagado. Se dio cuenta de que su portafolio estaba más disperso de lo que pensaba.

Siguiendo un consejo, descargó una aplicación de seguimiento y conectó sus cuentas. Por primera vez, pudo ver todo su portafolio en un solo lugar. Esto le permitió identificar problemas como exceso de concentración en ciertos activos y demasiado dinero en exchanges.

Comenzó a revisar su portafolio mensualmente, ajustar sus inversiones y mover fondos a almacenamiento más seguro. También guardó registros detallados para fines fiscales.

Con el tiempo, este proceso se volvió automático. Cada nueva inversión era registrada, analizada y ajustada según sus objetivos.

Ethan comprendió que el seguimiento no era solo cuestión de números — era control. Gracias a su organización, dejó de reaccionar al mercado y empezó a gestionarlo de forma estratégica, como un verdadero negocio.

Capítulo 8: Cómo mantenerte seguro con DeFi, NFTs y las tendencias emergentes en criptomonedas

A medida que el mundo de las criptomonedas evoluciona, nuevos sectores como las finanzas descentralizadas (DeFi), los tokens no fungibles (NFTs) y otras innovaciones blockchain ofrecen oportunidades emocionantes — pero también introducen nuevos riesgos. Para muchos inversores, estas áreas representan la "próxima frontera" del ecosistema cripto, donde los rendimientos pueden ser altos, pero también lo son la volatilidad, las estafas y los errores técnicos. Si decides explorar estas tendencias, tu prioridad debe ser comprender el entorno y proteger tus activos.

Las Finanzas Descentralizadas (DeFi) se refieren a aplicaciones basadas en blockchain que ofrecen servicios financieros sin intermediarios tradicionales como los bancos. A través de DeFi puedes prestar, pedir prestado, generar intereses, intercambiar activos o participar en pools de liquidez, todo mediante contratos inteligentes en redes como Ethereum o Polygon. Aunque pueden ofrecer mayores rendimientos, requieren extrema precaución. Un error en el contrato inteligente o un exploit puede hacer que pierdas tus fondos instantáneamente. Antes de usar cualquier plataforma

DeFi, investiga auditorías de seguridad, historial y reputación. Empieza con pequeñas cantidades y evita comprometer más de lo que puedes perder.

Los NFTs han evolucionado más allá del arte digital, abarcando juegos, coleccionables, música e incluso bienes raíces tokenizados. Aunque algunos NFTs se han vendido por millones, el mercado es altamente especulativo y muchos proyectos pierden valor rápidamente. Si decides comprar NFTs, verifica la identidad del creador, revisa el plan del proyecto y confirma que el activo sea auténtico y esté registrado en la blockchain. Ten cuidado con colecciones falsas que imitan proyectos populares.

Otra área emergente es el gaming "play-to-earn" y el metaverso. Estas plataformas permiten comprar activos digitales que pueden generar ingresos. Sin embargo, muchas dependen del crecimiento constante de usuarios, y si este se detiene, el valor puede colapsar. Evalúa la sostenibilidad del proyecto antes de invertir.

La seguridad en estos sectores requiere un nivel adicional de atención. En DeFi, los "rug pulls" (cuando los desarrolladores abandonan el proyecto con el dinero) son un riesgo común. En NFTs, los sitios de phishing pueden robar acceso a tu billetera si te conectas sin verificar la URL. Una buena práctica es usar una billetera separada para actividades experimentales, distinta de donde guardas tus fondos principales.

También es importante evitar el FOMO (miedo a quedarse fuera). Las redes sociales pueden inflar el interés en nuevos proyectos o tendencias, elevando los precios temporalmente. Cuando la emoción desaparece, muchos inversores quedan con activos sin valor. La mejor estrategia es investigar, analizar y no invertir por impulso.

Además, debes registrar todas tus transacciones. Muchas plataformas DeFi y NFT no generan reportes fiscales automáticos, por lo que es tu responsabilidad documentar compras, ventas y comisiones.

Explorar DeFi, NFTs y nuevas tendencias puede ampliar tus oportunidades financieras — pero solo si mantienes disciplina, seguridad y visión a largo plazo. En estos espacios, la precaución no es una debilidad, es tu mayor ventaja.

Cómo Ethan aprendió a mantenerse seguro

Ethan había escuchado sobre DeFi durante meses, pero no se sentía listo. Todo cambió cuando un amigo le habló de una plataforma que ofrecía altos rendimientos.

Antes de invertir, investigó el proyecto: revisó auditorías, comunidad y documentación. Decidió comenzar con una pequeña cantidad.

Poco después, vio una advertencia sobre un proyecto similar que resultó ser una estafa. Esto le enseñó la importancia de verificar cada detalle, incluso una simple letra en la dirección web.

Luego exploró el mundo de los NFTs. Encontró una colección que le gustaba, verificó la autenticidad del creador y realizó su compra con confianza.

Más adelante, rechazó invertir en un juego "play-to-earn" que parecía prometedor, pero tenía señales de riesgo. Tiempo después, el proyecto desapareció con el dinero de los inversores.

Ethan aprendió que el mundo cripto avanza rápido, pero la seguridad debe ir aún más rápido. Al investigar, empezar con pequeñas cantidades y separar sus fondos principales de los experimentales, logró explorar nuevas oportunidades sin comprometer su estabilidad financiera.

Para él, la lección fue clara: la innovación trae oportunidades, pero la disciplina es lo que realmente protege tu futuro.

Capítulo 9: Cómo construir una estrategia cripto a largo plazo

Un camino exitoso en el mundo de las criptomonedas no se trata solo de comprar las monedas correctas o evitar estafas – se trata de tener un plan a largo plazo que guíe tus decisiones sin importar lo que esté haciendo el mercado. Sin una estrategia, es fácil caer en la inversión emocional: perseguir ganancias rápidas en mercados alcistas y vender por pánico en caídas. Un plan claro te mantiene disciplinado, te ayuda a gestionar el riesgo y alinea tus inversiones con tus objetivos financieros.

El primer paso para construir una estrategia a largo plazo es definir tu propósito. Pregúntate por qué estás invirtiendo en criptomonedas. ¿Es para construir riqueza para la jubilación, diversificar tu portafolio, apoyar la innovación blockchain o buscar ganancias a corto plazo? Tu respuesta determinará tu horizonte de tiempo, tolerancia al riesgo y composición del portafolio.

Una vez definido tu propósito, debes establecer un horizonte de tiempo. Las estrategias a largo plazo suelen abarcar años, no semanas o meses. Si tu objetivo es a 20 años, puedes asumir más riesgo. Si es a corto plazo, deberás ser más conservador.

Luego, define la asignación de activos. Un portafolio equilibrado puede incluir criptomonedas consolidadas como Bitcoin y Ethereum, proyectos de mediana capitalización con buenos fundamentos y una pequeña parte en activos de mayor riesgo. Muchos inversores utilizan el enfoque “núcleo y satélite”: la mayor parte en activos sólidos y una pequeña parte en oportunidades más especulativas.

La gestión del riesgo es fundamental. Esto incluye el tamaño de posición (cuánto invertir en cada activo) y la diversificación, no solo entre criptomonedas, sino también entre plataformas y métodos de almacenamiento. Esto reduce el impacto de posibles fallos o pérdidas.

También necesitas una estrategia clara de compra y venta. El promedio de costo (DCA) es una técnica popular que consiste en invertir cantidades fijas regularmente, reduciendo el impacto de la volatilidad. Para vender, es recomendable establecer objetivos de ganancias por adelantado, como retirar parte de la inversión cuando un activo se duplica.

Una buena estrategia también incluye planes de contingencia. Eventos inesperados como cambios regulatorios o fallos en plataformas pueden afectar tus inversiones. Tener un plan de acción para estos escenarios te permite reaccionar con calma.

El aprendizaje continuo es clave. El mundo cripto evoluciona rápidamente, por lo que debes mantenerte informado y revisar tu estrategia regularmente para adaptarte a nuevos cambios y oportunidades.

El objetivo final de una estrategia a largo plazo es eliminar la improvisación y reducir el estrés. Con objetivos claros, reglas definidas y disciplina, puedes navegar la volatilidad del mercado con confianza.

La historia de cómo Ethan construyó su estrategia

Después de más de un año en el mundo cripto, Ethan se dio cuenta de que su enfoque era reactivo. Compraba y vendía sin un plan claro.

Un día decidió cambiar eso. Se sentó y definió su propósito: construir riqueza a largo plazo. Estableció un horizonte de 10 años y creó una distribución clara de su portafolio, priorizando activos sólidos.

Implementó una estrategia de compra periódica (DCA) y definió reglas para tomar ganancias. También creó un plan de emergencia para eventos inesperados.

Gracias a este enfoque, dejó de reaccionar emocionalmente al mercado. Las caídas ya no lo afectaban y las subidas no lo impulsaban a actuar impulsivamente.

Con el tiempo, su portafolio no solo creció, sino que se volvió más estable y organizado. Más importante aún, ganó confianza y control sobre sus decisiones.

Para Ethan, construir una estrategia no fue solo mejorar sus inversiones — fue transformar la incertidumbre en claridad y convertir el caos del mercado en un sistema manejable.

Capítulo 10: Mantenerse al día con las criptomonedas y adaptar tu plan

El mundo de las criptomonedas avanza a una velocidad extraordinaria. Nuevos proyectos surgen a diario, las regulaciones cambian de forma inesperada, la tecnología evoluciona constantemente y los ciclos del mercado se mueven más rápido que en la mayoría de los activos tradicionales. Si quieres tener éxito a largo plazo, no basta con crear una estrategia y olvidarte de ella — necesitas mantenerte informado, monitorear los cambios y adaptarte cuando sea necesario, sin perder la disciplina.

El primer paso para mantenerte actualizado es la recopilación de información. Es recomendable seguir un número limitado de fuentes confiables, como medios especializados y analistas con trayectoria. Plataformas como CoinDesk o CoinTelegraph ofrecen actualizaciones diarias, mientras que herramientas de análisis on-chain permiten ver datos en tiempo real. Es importante evitar la sobrecarga de información, ya que demasiadas opiniones pueden generar confusión.

Las redes sociales pueden ser útiles, pero también peligrosas. Sitios como Twitter o Reddit suelen difundir noticias rápidamente, pero también están llenos de rumores y exageraciones. Aprende a identificar fuentes confiables y evita actuar basándote en información no verificada.

Otro elemento clave es comprender los ciclos del mercado. Las criptomonedas tienden a moverse en ciclos influenciados por el sentimiento del mercado, la adopción y factores macroeconómicos. Entender estos patrones te ayudará a mantener la calma en momentos de volatilidad y a evitar decisiones impulsivas.

Tu estrategia debe ser flexible. Si surgen cambios importantes —como nuevas regulaciones o avances tecnológicos— puede ser necesario ajustar tu portafolio. Adaptarse no significa seguir todas las tendencias, sino realizar ajustes calculados que mantengan tu estrategia alineada con tus objetivos.

El aprendizaje continuo es esencial. Mantente al día con nuevas tecnologías como soluciones de escalabilidad, interoperabilidad entre blockchains y otras innovaciones. Esto te permitirá anticipar hacia dónde se dirige el mercado.

También es importante revisar tu portafolio regularmente. Al menos cada trimestre, evalúa tus activos: si siguen cumpliendo su propósito, si su riesgo ha cambiado o si necesitas rebalancear.

Por último, equilibra tu nivel de atención. Estar constantemente revisando precios y noticias puede generar estrés. Establece horarios específicos para revisar tu portafolio y confía en tu estrategia a largo plazo.

Mantenerte informado y adaptable no significa perder disciplina — significa asegurarte de que tu estrategia evolucione junto con el mercado.

Cómo Ethan aprendió a adaptarse

Ethan había logrado construir una estrategia sólida, pero entendía que el mercado no se detenía. Necesitaba mantenerse informado sin caer en la sobrecarga de información.

Inicialmente seguía demasiadas fuentes, lo que le generaba confusión. Con el tiempo, redujo su enfoque a unas pocas fuentes confiables y estableció una rutina diaria de revisión.

Esto le permitió detectar cambios importantes, como actualizaciones en proyectos en los que había invertido, evitando pérdidas potenciales.

También implementó revisiones trimestrales de su portafolio, evaluando si cada inversión seguía siendo válida. Esto le ayudó a tomar decisiones más informadas.

Ethan aprendió a no perseguir cada tendencia nueva, sino a estudiarlas antes de invertir. Este enfoque equilibrado le permitió explorar oportunidades sin asumir riesgos innecesarios.

Con el tiempo, dejó de reaccionar emocionalmente al mercado. Tenía confianza en su estrategia y en su capacidad de adaptarse.

Para Ethan, el mundo cripto dejó de ser caótico y se convirtió en un sistema que podía entender, gestionar y aprovechar con disciplina y claridad.

Epílogo: El camino por delante

Cuando Ethan dio sus primeros pasos en el mundo de las criptomonedas, lo hizo con curiosidad cautelosa y un sentimiento de incertidumbre. Lo que comenzó como una simple compra de Bitcoin rápidamente evolucionó hacia una comprensión más profunda de la seguridad, el almacenamiento, las estafas, las transacciones, el staking y la estrategia a largo plazo. En el camino, aprendió que el éxito en las criptomonedas no se trata de suerte ni de seguir tendencias — se trata de conocimiento, preparación y disciplina.

Este recorrido refleja la experiencia de muchas personas que se adentran en los activos digitales. Al principio, todo parece nuevo, complejo y arriesgado. La tentación es actuar rápido — comprar sin pensar, seguir consejos, entrar en lo que esté de moda. Pero como muestra la historia de Ethan, avanzar con calma, hacer las preguntas correctas y construir una base sólida de prácticas seguras transforma la experiencia de una apuesta especulativa en una inversión estratégica.

A lo largo de este libro, hemos explorado los pasos prácticos para comprar, almacenar y usar criptomonedas de manera segura. Hemos visto cómo elegir exchanges correctamente, proteger las claves privadas, identificar y evitar estafas, realizar transacciones con precisión y hacer que las criptomonedas trabajen para ti mediante pagos e ingresos pasivos. También hemos aprendido cómo convertirlas nuevamente en efectivo de forma segura, mantener un portafolio organizado, explorar sectores como DeFi y NFTs con precaución, construir una estrategia a largo plazo y adaptarnos a medida que el mercado evoluciona.

La evolución de Ethan, de principiante inseguro a inversor confiado, refleja la verdadera recompensa del aprendizaje — no solo ganancias financieras, sino tranquilidad. La ansiedad que antes provocaban los movimientos del mercado ha sido reemplazada por claridad, y el miedo a cometer errores costosos ha dado paso a sistemas y hábitos de protección. Ahora trata sus criptomonedas como cualquier otra inversión seria: con respeto, paciencia y visión a futuro.

Para ti, como lector, el camino será único. Tal vez decidas enfocarte en unos pocos activos sólidos, o explorar nuevas tecnologías con una pequeña parte de tu portafolio. Quizás priorices ingresos pasivos mediante staking, o consideres las criptomonedas como parte de una estrategia financiera más amplia. Las decisiones específicas importan menos que los principios que las guían: seguridad primero, investigación constante y disposición para adaptarte sin abandonar tu plan.

El mundo cripto seguirá cambiando — más rápido que la mayoría de las industrias. Habrá nuevas monedas, nuevas estafas, nuevas regulaciones y nuevas oportunidades. Pero con las lecciones de este recorrido, podrás navegar estos cambios con confianza. Sabrás cuándo explorar y cuándo detenerte, cuándo actuar con decisión y cuándo esperar.

Al final, las criptomonedas son mucho más que dinero digital. Son control — control sobre tus activos, tus decisiones y tu futuro. Las herramientas y mercados evolucionarán, pero la verdad esencial permanecerá: tu mayor activo no son las monedas que posees, sino el conocimiento y los hábitos que las protegen.

A medida que continúes tu propio camino en el mundo cripto, lleva contigo estas lecciones. Úsalas para tomar mejores decisiones, evitar errores costosos y aprovechar oportunidades con inteligencia. Ya sea que el camino te lleve a nuevos logros o ponga a prueba tu paciencia, avanzarás con la confianza de haber construido una base sólida desde el principio.

www.ingramcontent.com/pod-product-compliance
Lightning Source LLC
LaVergne TN
LVHW040522210926
848480LV00007BA/1555
9798295883583